CODE

DU DEVOIR ET DU DROIT

D'UNE PUISSANCE NEUTRE

BASÉS

SUR LE DROIT NATUREL, LE DROIT DES GENS ET LE DROIT PRIVÉ

PAR

M. SIEGFRIED WEISS

AUTEUR DE PLUSIEURS OUVRAGES SUR LA JURISPRUDENCE ET LA SCIENCE D'ÉTAT.

Pro scientia et civilisatione in primo loco venis !
Salus tibi !

(L'AUTEUR.)

PARIS

LIBRAIRIE DE CH. MEYRUEIS ET COMPAGNIE
Rue Tronchet, 2

1854

CODE

DU DEVOIR ET DU DROIT

D'UNE PUISSANCE NEUTRE

BASÉS

SUR LE DROIT NATUREL, LE DROIT DES GENS ET LE DROIT PRIVÉ

PAR

M. SIEGFRIED WEISS

AUTEUR DE PLUSIEURS OUVRAGES SUR LA JURISPRUDENCE ET LA SCIENCE D'ÉTAT.

Pro scientia et civilisatione in primo loco venis !
Salus tibi !

(L'Auteur.)

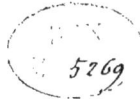

PARIS

LIBRAIRIE DE CH. MEYRUEIS ET COMPAGNIE
Rue Tronchet, 2

1854

TABLE DES MATIÈRES.

INTRODUCTION.

Comme il y a des individualités qui nient le droit d'autrui et deviennent criminelles en agissant d'après cette négation, de même les autorités qui ne respectent pas le droit des faibles se rendent coupables d'un crime.

C'est le droit public et le droit privé qui doivent protéger chaque individu de la société contre l'agression et l'injustice; le droit public est d'une beaucoup plus grande importance pour la société que le droit privé, car il concerne l'homme dans le droit de sa nature, tandis que l'autre n'a rapport qu'à sa situation positive.

Chaque nation civilisée devrait avoir son droit public comme elle a son droit privé, de même que des bases certaines dans leurs législations devraient mettre les divers états dans le cas de pouvoir juger, par leur code de droit public et d'une manière équitable, toute difficulté qui viendrait à s'élever entre eux.

Pour les nations civilisées, il n'est possible d'établir qu'un code commun de droit public et privé d'après les mêmes principes et maximes qui gouvernent les états; car tous les hommes sont égaux devant le droit, comme ils le sont devant la loi. — Il est certain, que pour les nations qui ne le sont pas, elles auront toujours à subir l'absolutisme, et l'injustice qui en est inséparable, parce que, ne connaissant pas ce qu'est l'homme en société, et vivant sans se connaître eux-mêmes, les forts profiteront toujours de la faiblesse des autres, sans consulter leur conscience et sans s'inquiéter s'ils font tort ou non. Il est donc évident que, dans une société semblable, le droit public restera toujours imaginaire, et comme le peuple lui-même n'en sent pas la nécessité, l'autorité barbare, qui se plaît toujours à exécuter sa volonté absolue sans se demander si elle est juste et équitable, n'en cèdera certes pas librement un pouce dans l'intérêt de la civilisation et de l'humanité.

C'est pourquoi en France, en Angleterre, en Amérique et en Belgique, pays libres et civilisés, on connaît tout à fait autrement les conditions du droit public, qu'on ne les connaît en Saxe et autres états allemands, en Sicile, etc., et partout où la corruption de la Russie et ses horreurs ont pu pénétrer jusqu'aux savants et administrateurs des divers états, et chez lesquels le droit public est considéré comme faisant tort à leurs ambitions et ainsi impraticable [1].

C'est pourquoi l'on entend des publicistes soutenir, dans leurs travaux sur le droit public, des opinions et des déterminations que n'admettrait aucun homme instruit et consciencieux. Il y a des écrivains qui nient aussi bien le droit des gens que le droit naturel, mais ce ne sont pas les écrivains utiles à la civilisation et à la justice; ce sont plutôt ceux que l'on pourrait nommer les « *servilistes* » de l'inhumanité, parce qu'ils travaillent pour l'absolutisme, pour satisfaire leurs passions, et déjà criminels en ce sens, ils empoisonnent la société par leurs sentiments hypocrites et faux. De semblables écrivains, lorsqu'ils écrivent sur les sciences d'état, ont fait en tout temps beaucoup de mal à la civilisation et

---

[1] Nous disons avec raison « horreurs russes. » Car le gouvernement russe se soutient seulement par la violation des droits les plus sacrés, et malheureusement, par ses agents, son or et autres obligations, elle cherche à acheter dans d'autres états les premiers fonctionnaires publics et surtout les chefs principaux des polices, pour qu'ils agissent dans son intérêt et méconnaissent les droits de l'homme. Non-seulement le gouvernement russe et ses consorts ne respectent pas les droits de l'homme, mais aussi ils se font un devoir de détruire les personnes, familles, peuples, états, princes et trônes qui ne leur conviennent pas et qui sont trop supérieurs aux infamies.

au repos des princes et des peuples, et c'est avec raison qu'on peut les considérer comme les hommes les plus dangereux de la société, car s'ils ne commettent pas directement des crimes par eux-mêmes, en provoquant les révolutions, ce sont les aphorismes de leurs faux travaux qui les occasionnent chez les autres. Il faut donc se rapporter à la conscience en rendant des lois !!

Depuis longtemps déjà, la question *du devoir* et *du droit* d'une puissance neutre a préoccupé les savants, sans avoir produit un résultat. Voici le moment de discuter de nouveau cette question, d'une grande importance pour toutes les nations, et c'est dans ce but que j'ai pris la plume.

Ici, comme dans mes autres ouvrages sur les sciences d'état et la jurisprudence, je me suis appuyé sur le droit naturel, sur le droit des gens et le droit privé, car c'est par là que la civilisation accomplit son progrès sous l'empire des lois.

Le droit naturel comprend la bonne et claire philosophie de toutes les choses qui concernent l'homme; le droit des gens ne règle que les dispositions naturelles d'homme à homme, de peuples à peuples. Ici comme là, ce sont les « *lois divines* » — comme l'exprime très justement *Montesquieu* — qui constatent le droit de l'un et de l'autre. Les lois divines sont approuvées par

tout cœur et toute âme sincères. Les êtres cor-
rompus ne peuvent les reconnaître par manque
de force morale, et comme ils nient le droit naturel et le droit des gens, ils nient également les
lois divines et en conséquence Dieu lui-même.

Le droit privé, qui contient les lois positives
qu'un état a adoptées, est partout plus ou moins
en relation avec le droit public; mais, dans ce
cas aussi, la justice ne sera pas placée en face de
l'humanité et de la civilisation par ceux qui ne
veulent pas reconnaître le droit naturel et le
droit des gens. Bien que presque tous les droits
privés proviennent des lois romaines que *Savi-
gny* nomme avec raison « *l'école historique,* » le
mot « *œquitas* » est très différemment compris
par les divers « *corpus juris* » et c'est par là aussi
qu'on reconnaît la civilisation ou l'absolutisme
gouvernemental.

De tous les auteurs français qui ont mal compris le droit public, nous nommerons seulement
Domat. Il est vrai qu'il écrivait sous le régime
féodal de Louis XV et Louis XVI et que son « *droit
public, et legum delectus,* » est conçu par lui
d'après le droit romain, sans qu'il ait bien considéré le droit des gens et le droit naturel, comme
nous les entendons aujourd'hui.

Aucun des auteurs qui ont écrit sur le droit
public n'a consacré un travail sur le *droit* et

le *devoir* d'une puissance neutre ; et pourtant, à la tête de ces écrivains d'élite se placent Hugo Grotius, Machiavelli, Montesquieu, Mignet, Weathon, Welker, Klüber, Mœser, Vattel, Wæchter, etc. L'empereur Napoléon Ier, soit par ses faits accomplis comme guerrier, soit comme écrivain et comme savant, a ramené le droit public à un niveau digne d'un grand homme ; il a admirablement réorganisé l'administration d'état, qui est devenue un modèle pour tous les peuples ; il a établi l'harmonie des choses par son code, basé sur le droit de chacun, où la sûreté de la personne, de la propriété, du travail et de l'honneur des individus, est garantie contre la corruption, et dont tout le monde devrait profiter ; c'est ce qu'il a voulu par la guerre forcée qu'il a faite et c'est pourquoi le peuple français a versé son sang, pour le bien général de la civilisation. C'est lui qu'on doit remercier de ce que l'esprit de Hugo Grotius, de Machiavelli, et de Montesquieu s'est vu représenté dans la société ; c'est à lui et à la France que sont dus les remercîments de la civilisation que l'on a crue morte il y a environ 60 ans, lorsque les excès des Jacobins faisaient demander à quoi serviraient le droit naturel et le droit des gens ? Dès cette époque, ces droits ne sont pas morts pour les peuples, ils ont au contraire été considérés plus ou moins comme les bases du droit privé.

Ce sont ces considérations qui me font publier la thèse suivante sur *le droit et le devoir d'une puissance neutre* pendant une guerre et laquelle forme pour tous les gouvernements un code complet. J'y ai traité les principes des circonstances différentes qui peuvent se présenter entre les états belligérants et neutres. — Il est évident que les puissances entre elles peuvent en faire des exceptions en les stipulant avant le temps d'une guerre et sous les conditions valables. Et même dans ce cas, il sera toujours à considérer, qu'aucune puissance (soit neutre ou belligérante) ne peut jouir d'un avantage sur l'autre, et que les états entre eux, soit belligérants ou neutres, doivent être traités sous un seul et même point de vue. — Mais il ne faut pas oublier que des exceptions pareilles seront toujours hors du droit public, qui impose les conditions suivantes.

SIEGFRIED WEISS.

Paris, février-mars 1854.

CODE

DU DEVOIR ET DU DROIT

D'UNE PUISSANCE NEUTRE

FONDÉS SUR LE DROIT DES GENS, LE DROIT NATUREL ET LE DROIT PRIVÉ.

A. DE L'ÉTAT NEUTRE.

§ 1. De la volonté d'une déclaration de neutralité ou autre.

Chaque Etat investi de son indépendance est *souverain*, et par là, il a la libre volonté de ses actions sans en être responsable envers un tiers. Il en résulte que dans le cas de guerre entre d'autres puissances, il a le droit de se prononcer pour *l'une* ou *l'autre*, ou pour *aucune*, et par conséquent de rester *passif* pendant la durée de cette guerre. Alors, cet Etat est *neutre envers les autres*. L'Etat soumis à la protection d'une puissance belligérante ou neutre, et s'il a conservé un gouvernement indépendant d'elle, — c'est-à-dire la force exécutive, législation et juridiction du pays — ne peut pas être forcé à faire cause commune avec la puissance protectrice; mais si cette dernière y a institué sa force exécutive, sa cause devient celle du pays sous sa protection. — Dans les deux cas, aucun pays soumis à la protection d'un autre, ne pourrait devenir hostile aux *intentions de la puissance protectrice*, *bien qu'il ait le droit de* garder une stricte neutralité envers tous, *dans la situation mentionnée ci-dessus*. — C'est la reconnaissance pour la protection prêtée et imposée par la loi naturelle qui empêche et ne permet pas une telle hostilité.

§ 2. De la nécessité d'une déclaration de conduite politique.

Dès lors qu'une question d'Etat est développée par une dernière phase et que la guerre est jugée inévitable par une puissance directement intéressée à cette guerre, cette puissance a le droit de demander à toute autre puissance non intéressée une déclaration de conduite pour le cas de guerre, alors même qu'elle n'est pas encore déclarée. Un refus de déclaration d'être pour ou contre, ou passif dans une telle question, doit être considéré comme un acte hostile, car la guerre, si elle a lieu, doit être regardée absolument comme le soutien d'une cause d'honneur. Or, *l'honneur* n'est pas *lâche*, et il faut que chaque adversaire puisse connaître sa *position de défense*, non-seulement envers *un second*, mais encore envers *tous* ceux qui peuvent se mêler de ses affaires. Il est injuste, et c'est un manque d'honneur de la part d'une puissance quelconque de notre siècle, de vouloir soutenir une politique sans franchise ; c'est avoir *peur* du *droit d'autrui*. D'un autre côté, pour que les adversaires puissent se mesurer dignement sur un *certain terrain*, une semblable déclaration est indispensable, car *le sort des armes, s'il faut en faire usage — décide la victoire et est digne des peuples civilisés*, mais non pas *les intrigues !* — *L'honneur* est la *chose suprême du droit ; le droit* ne connaît que *la justice*, et *la justice* que *la franchise ;* or, si j'ai de l'honneur, je suis pour le droit et la justice ; si je n'en ai pas, je suis pour le tort et l'injustice ; — là, je suis avec *la franchise ;* ici, je suis *sans elle*. Par conséquent, le manque de *franchise* est le *déshonneur* et *l'injustice*, et c'est pourquoi un refus de déclaration de conduite en cas de guerre, de la part d'une puissance non intéressée directement à la cause de cette guerre, est l'injustice et même un acte hostile. Si toutes les puissances soutiennent une telle politique honorable, elles seront pour la justice avec une franchise nette et claire, et celui qui voudrait prendre un faux chemin sera bientôt obligé de se retirer devant cet acte de franchise, consistant en une déclaration qui lui ferait connaître tous ses ennemis. C'est le seul moyen pour éviter la guerre et la première maxime du droit public, et pourtant c'est celle qui a été le moins prise en considération dans tout le passé.

§ 3. De l'état de paix pour la neutralité.

La puissance déclarée neutre est : « *eo ipso* » dans le cas de paix, car, par des raisons souveraines, elle s'abstient par une telle déclaration de toute amitié ou hostilité envers l'une et l'autre des parties belligérantes, et il est bien clair que je dois laisser tranquille celui duquel je n'ai rien à craindre et contre lequel je n'ai pas à me défendre.

§ 4. De la nullité de la neutralité causée par la puissance neutre.

La neutralité d'une puissance est annulée par *le moindre service rendu par elle à une des parties belligérantes*, dès que sa *déclaration a été faite*. Ce service doit être pris dans le sens : « *d'avoir voulu favoriser et fortifier la position de l'un des ennemis*, et dans ce cas, cette puissance doit partager le sort de celui qu'elle protége. [1] » Elle est devenue active en aidant, et sa cause devient indirectement la sienne.

---

[1] J'ai écrit au mois d'octobre 1853 : *Nous verrons que par la*

§ 5. De la cessation des relations officielles entre la puissance neutre et celles belligérantes.

Les puissances ennemies peuvent demander la suspension réciproque des relations officielles avec la puissance neutre. Il est d'un intérêt égal pour les belligérants d'avoir la certitude, par une semblable suspension, qu'aucun d'eux n'aura le pouvoir d'exercer une influence quelconque sur un Etat neutre. Ainsi, dans le cas d'une guerre, les relations officielles des Etats neutres doivent cesser dès le moment de leur déclaration de neutralité envers les belligérants.

§ 6. La cessation des relations officielles n'est pas un acte d'hostilité.

Cette rupture officielle entre les Etats neutres et les belligérants n'a aucun effet hostile, puisqu'elle est faite avec impartialité, et qu'elle maintient l'équilibre entre les parties belligérantes.

suite, dans la guerre entre la France, l'Angleterre et la Russie, la Grèce nous jouera un mauvais tour, parce que nous avons placé sur son trône un prince qui, avec ses amis et ministres, sont partisans du complot russe. Huit mois après, cette supposition est devenue une vérité. — Aujourd'hui la Grèce nous présente une position qui s'applique au § 4. — La Grèce est aujourd'hui devenue la complice de la Russie, puisqu'elle l'a aidée contre son ennemi belligérant, la Turquie, en révoltant le territoire turc. Un autre danger menace les puissances belligérantes, de la part des Deux-Siciles, toujours intriguées par la Russie.

§ 7. Les relations se continuent entre les puissances neutres.

Néanmoins les relations officielles entre les Etats neutres se continuent de droit, puisqu'il n'en résulte aucun préjudice pour les parties ennemies, parce que les neutres conservent leur inactivité par les engagements pris envers les belligérants. — D'un autre côté, les neutres sont en paix entre eux, et l'on ne saurait trouver un motif pour empêcher leurs relations amicales. Ils peuvent en tout temps conclure les traités internationaux qui ne concernent pas les belligérants et n'ont aucun effet sur eux.

§ 8. Les traités conclus entre une puissance neutre et celles belligérantes restent en vigueur.

La paix d'une puissance neutre a pour effet envers les puissances belligérantes, qu'indépendamment de la rupture officielle, — *pendant laquelle aucun traité ne peut être conclu par elles* — tous les traités faits avant cette rupture restent et demeurent en vigueur. On ne doit pas perdre de vue que cette rupture n'est point hostile et qu'elle est motivée seulement par l'intention du neutre de sauvegarder les intérêts réciproques des belligérants.

§ 9. Cas d'exception au paragraphe précédent.

Par le motif ci-dessus il existe une exception au maintien et à l'exécution des traités conclus avant la rupture, et spécialement :

1° Ceux qui concernent le passage des forces navales ou militaires par les pays neutres;

2° Ceux qui obligent l'Etat neutre à une subvention matérielle quelconque, si cette subvention ne peut pas être considérée comme *une dette positive* et *contractée avant la déclaration de neutralité.*

§ 10. Les parties intéressées à la neutralité d'une puissance peuvent demander le renouvellement du traité ou de la déclaration de neutralité.

La paix d'une puissance neutre, tout en laissant en vigueur, d'après §§ 8 et 9, les traités conclus avec d'autres puissances neutres, existe donc par le maintien des mesures gouvernementales et la situation de l'Etat, telles qu'elles étaient à l'époque de la déclaration de neutralité. Mais il peut survenir, pendant la neutralité, un changement de gouvernement ou quelque autre accident dans l'administration d'un pays neutre, qui fasse craindre la violation de la neutralité garantie; dans ce cas, une nouvelle déclaration de neutralité, ou le renouvellement d'un traité, peut être

2

demandé par les parties belligérantes et autres y intéressées.

§ 11. De l'alliance des puissances neutres. Cause commune.

Un Etat a le droit de s'allier avec un autre dans le but de rester neutre en cas de guerre. Il entre par là dans les obligations réciproques, et les Etats alliés ont à défendre une et la même cause. Ils sont responsables l'un envers l'autre pour le maintien de leur neutralité.

§ 12. De la nullité de la neutralité causée par les belligérants. Guerre commune. Nullité générale d'une neutralité.

Si par suite d'une semblable alliance, les belligérants deviennent offensifs envers les alliés ou envers une puissance neutre seulement et violent la neutralité, il en résulte non-seulement l'action défensive, mais *l'offensive commune des puissances alliées* [1], envers celle qui n'a pas respecté la neutralité, et elle doit être traitée comme ennemie; car personne ne peut être forcé à faire telle ou telle action, s'il n'a pas été pris d'engagement et d'obligation positive; celui qui fait le contraire doit être considéré comme un malfaiteur, et en conséquence devient l'ennemi du droit. La neutralité est généralement considérée

---

[1] Je n'admets pas la défensive. Voir § 16.

comme violée, si les obligations contractées ne
sont pas remplies d'un ou d'autre côté par les
parties y intéressées.

§ 13. Des frais communs de cette guerre. Droit d'un Etat de se prononcer pour l'offensive. Dispense des conditions imposées par la neutralité.

En cas de guerre contre une puissance qui n'a
pas respecté le droit de neutralité, toutes les
puissances qui ont contracté cette neutralité doivent supporter également les mêmes sacrifices
pour la défense de leur cause. La neutralité une
fois rompue ou violée n'existe plus comme neutralité, et il appartient à la puissance violée de se
déclarer offensive, soit seule ou, selon § **12**, sous
le nom collectif, contre l'Etat qui l'a violée en
annulant toute obligation provenant de la neutralité.

Il est donc évident qu'une fois un contrat
rompu par l'une des parties, il devient dans le
cas seulement où l'autre partie le considère ainsi,
sans effet pour tous. Si une puissance en guerre
a accepté ou reçu la déclaration d'une autre puissance de vouloir rester neutre et indifférente à
son état de guerre, et si elle ne veut pas respecter cette déclaration, il en résulte naturelle-
ment un état d'hostilité; bien que chaque puis-

sance puisse agir souverainement, elle n'a pas le droit de rester sur la défensive; elle en doit sortir contre celui qui n'a pas respecté le droit de cette déclaration, et par ce fait elle est déliée de toutes les obligations qu'une puissance neutre doit remplir. C'est l'honneur et ainsi le droit naturel attaqué, qui exige cette offensive.

§ 14. Droit de se prononcer pour l'offensive en cas d'alliance avec d'autres puissances.

Il est bien entendu qu'une puissance entrée en alliance de neutralité avec une autre n'a pas le pouvoir de décider seule des mesures à prendre contre la violation de la neutralité, et que cela ne peut avoir lieu que d'un commun accord entre les puissances alliées.

§ 15. Conception d'un traité de neutralité.

Un traité d'alliance de neutralité entre plusieurs puissances doit clairement exprimer dans quel sens et à quelles conditions elles comprennent la neutralité.

Jusqu'à nos jours, la neutralité des puissances envers les belligérants était si mal comprise et appliquée dans ses effets, qu'il est indispensable de citer un publiciste, ou de bien établir les conditions entières de ce traité de neutralité, pour éviter toute fausse interprétation.

En même temps il y doit être pourvu aux mesures à prendre contre la partie belligérante qui
violerait la neutralité.

§ 16. Il n'y a pas de neutralité armée.

Puisque la neutralité est la paix pour la puissance qui se déclare neutre, il ne peut pas exister
et le droit public ne connaît pas de neutralité
armée [1] : cela est la préparation de l'état de
guerre offensif ou défensif, et devient un fait,
seulement si les armes de cette puissance sont en-
gagées avec celles d'une autre.

§ 17. Aucune rectification d'une déclaration ou d'un traité de neutralité n'est valable « *a posteriori* » de sa signature, excepté avec la sanction expresse des parties bel-ligérantes et autres y engagées.

Une fois qu'une puissance a déclaré vouloir
rester neutre, elle doit remplir toutes les conditions résultant de cette déclaration ou du traité
de neutralité; d'où il s'ensuit qu'aucune rectifica-

[1] Ce qui a le plus irrité jusqu'aujourd'hui, dans la question des
neutres, c'est l'expression très usitée : « *neutralité armée!* » Elle
a donné lieu à beaucoup d'erreurs et d'inconséquences. Une puissance peut s'armer chez soi sans que sa position change; mais une
fois qu'elle a passé les limites de neutralité indiquées, elle n'est
plus la puissance neutre, elle est devenue la belligérante. En conséquence il n'y a que deux cas, ou la neutralité pure et simple, ou
le parti belligérant.

tion de ce traité ne serait valable après sa signature, *excepté avec la sanction expresse de toutes les parties belligérantes et autres y intéressées.* La puissance neutre ne peut franchir librement et par sa seule volonté les limites de semblables conditions, même pas avec la sanction de la majorité des puissances y intéressées, sans s'exposer à se voir traitée comme ennemie par les autres parties belligérantes.

§ 18. Quand une puissance neutre est-elle défensive?

Une puissance neutre est défensive lorsqu'elle se défend sur son territoire contre la violation de sa neutralité.

§ 19. Quand est-elle offensive?

Une puissance neutre est offensive lorsque ses armes franchissent les limites de son territoire, ou si elle fait armer hors de son état, soit par terre des troupes, soit par mer des navires ou des corsaires, pour troubler la position des belligérants où celle des autres puissances neutres. Elle devient également offensive, d'après le § 4, par un secours quelconque donné à une ou toutes les puissances belligérantes, et dès lors sa position est considérée comme offensive de la part d'autres partis neutres ou belligérants.

§ 20. Sortes de secours donnés par une puissance neutre aux belligérants.

Comme il est du devoir d'une puissance neutre de ne rien entreprendre ni pour ni contre aucune des parties belligérantes, elle doit, d'après § 9 dans tous les cas, empêcher le passage des forces de terre et de mer d'une puissance non-neutre sur son territoire, et aucun corps armé d'une telle puissance ne peut y être toléré. Les soldats non armés sont considérés comme n'appartenant pas à une force armée, et en conséquence ils peuvent être en communication avec le pays neutre, comme tout autre individu civil. Par la même raison, une puissance neutre ne doit livrer ni munitions ni armes à l'un ou l'autre des belligérants. Les puissances neutres n'ont pas le droit de délivrer des lettres de marque, ce qui appartient seulement aux puissances belligérantes. Si elles consentent à recevoir dans leurs ports des navires armés, cela doit être d'une manière égale pour toutes les parties belligérantes, mais cela troublerait leur paix. En général, et comme elles ne peuvent pas prêter secours à une force armée, elles doivent défendre aux navires armés — soit en qualité de corsaires ou de bâtiments marchands, — l'entrée dans leurs ports. — Des cas supérieurs seulement qu'imposent l'humanité, en font une exception, pour sauver la vie des personnes, mais *non pas pour la cause de leurs biens*. La puissance neutre est obligée, dans les circonstances pareilles, de délivrer à la puissance belligérante qui était menacée par ces navires armés, les navires et les biens qui se trouvaient à leur bord, mais sur la réclamation de cette puissance belligérante seulement.

§ 21. Des relations internationales entre les puissances neutres et les belligérants.

Les relations internationales entre une puissance neutre et celles belligérantes restent néanmoins non interrompues et sur la même base qu'elles étaient avant la déclaration de neutralité. Ainsi, le commerce, la navigation et toutes les autres communications restent libres, car c'est justement l'avantage des peuples en temps de paix d'avoir leurs communications non interrompues.

§ 22. De l'acquisition de marchandises dans un pays neutre et du secours indirect donné aux belligérants.

L'autorité d'un pays neutre doit s'abstenir de prêter son intermédiaire pour l'acquisition des marchandises à transporter dans un pays en guerre. Elle doit en même temps éviter que les autorités des puissances belligérantes entreprennent aucun acte commercial quelconque, soit vente, achat ou autre, dans son pays. Cela est indispensable pour ne pas s'exposer à donner un secours indirect aux belligérants. Quant aux populations entre elles, elles sont pleinement libres de leurs actions comme elles l'étaient « *à priori* » de la guerre.

§ 23. Des relations internationales entre les puissances neutres.

Les puissances neutres peuvent entretenir leurs relations internationales sur le pied le plus amical et s'aider entre elles comme il convient à des puissances amies. Ainsi, elles peuvent se protéger mutuellement contre tout événement qui pourrait survenir entre un Etat neutre et l'une des parties belligérantes; elles peuvent même hors du § 11 se prêter l'une à l'autre un secours armé et prendre toutes les mesures nécessaires dans le but de fortifier et de faire respecter leur neutralité.

Le commerce, la navigation et toutes les autres relations entre peuples neutres, demeurent dans l'état où ils étaient « *ante bellum,* » si de nouveaux traités n'ont pas alors changé leurs dispositions.

§ 24. Conclusion de la paix.

Les puissances neutres n'ont aucun droit de

se mêler ou de prendre part aux questions de paix, si elles n'y sont pas expressément autorisées par les parties belligérantes, et d'un commun accord.

Les puissances restées indifférentes à la guerre ne profitent pas de son résultat.

B. DES ÉTATS BELLIGÉRANTS ENVERS LA NEUTRALITÉ.

§ 25. De l'invasion du pays neutre.

Les parties belligérantes n'ont aucun droit d'envahir avec leurs forces armées le territoire d'une puissance neutre.

§ 26. Cette invasion équivaut à une déclaration de guerre.

L'invasion à main armée des limites d'un pays neutre par une des parties belligérantes, équivaut à une déclaration de guerre.

§ 27. Elle est imputable à la puissance belligérante.

Cette déclaration de guerre doit être considérée comme venant de la partie belligérante qui a violé le territoire neutre.

§ 28. Quelles sont les limites d'un pays.

Les limites d'un pays sont celles reconnues par les peuples voisins, c'est-à-dire le pays

comme il était reconnu avant la guerre, y compris
les limites des pays, d'après § 1, sous sa protection directe. Les limites de mer sont fixées à
100 pas au delà de la portée d'un boulet d'un ca-
libre de la première force et lancé du bord de la
mer de son territoire. Ces limites de mer sont
justifiées par la raison que cette distance suffit
pour atteindre du côté de terre neutre et par le
canon, une force navale qui aurait dépassé ces limites, et pour empêcher d'un autre côté que
cette force navale n'atteigne par son feu le territoire neutre.

§ 29. La mer considérée comme « *res omnium* » et « *communio juris.* »

Hors de ces limites, la mer appartient à toutes
les nations ; elle est « *res omnium,* » et par « *com-
munio juris* » « l'*usus fructus* » pour tous.

§ 30. Sûreté des peuples et des biens neutres.

Les belligérants n'ont aucun droit sur la vie
ni sur les biens des peuples neutres.

§ 31. Droit d'exiger la preuve de l'individualité d'un sujet et des objets neutres.

Ils ont cependant le droit d'exiger la preuve
qu'ils appartiennent à une nation neutre. Cette
preuve consiste : pour les personnes en un certi-

ficat d'origine, et pour les navires dans le pavillon
national, lequel doit aussi justifier de son origine.
Il en est de même pour les biens des neutres.

§ 32. Visite des navires neutres.

Il s'ensuit que chaque navire, même portant
pavillon neutre, peut être visité par les parties
belligérantes. S'il en résulte que ce navire a violé
la neutralité, d'après §§ 4, 5, 6, 8, 9, 20, 22,
38, 39, le parti belligérant peut imposer à une
autre puissance neutre ou amie de recevoir et
garder ce navire dans son port sous sa respon-
sabilité, et cela aussi longtemps que l'exigent les
circonstances. Il suffit que la puissance belligérante déclare la culpabilité de la violation de la
neutralité. La propriété et la juridiction appartiennent seulement à la puissance belligérante,
et la puissance neutre n'est considérée dans cette
circonstance que comme ayant permis le dépôt
chez elle, d'un bien *réellement et justement acquis.*
Cela n'est ni un acte hostile, ni amical envers l'une
des parties belligérantes, et par là, la puissance
neutre ne peut pas refuser un tel dépôt chez elle.

§ 33. Quand les parties belligérantes ont-elles droit sur la vie et les biens des individus neutres?

Les belligérants ont néanmoins un droit sur
la vie et les biens des personnes neutres, s'il est

constaté que ces personnes veulent se rendre ou
se sont rendues coupables, d'après §§ 38 et 39,
d'un acte hostile ou de trahison envers eux, ou si
les biens doivent servir contre eux.

§ 34. La « *res hostium*. »

En conséquence, tout ce qui tombe au pouvoir des belligérants est « *res hostium* » et leur
appartient de droit pour les indemniser du préjudice qu'a causé ou pu causer cet acte hostile ou
la trahison. Les biens trouvés chez les personnes
coupables échoient avec la personne au pouvoir
des belligérants ; mais avec les biens « *res hostium*, » les personnes conservent leur liberté. Les
belligérants ont, « *brevi manu*, » un droit sur tous
les biens qui appartiennent à leur ennemi. Quant
aux individus, leur personne doit être respectée,
si elle ne se rend pas ou si elle ne s'est pas rendue
coupable d'un acte de trahison ou d'hostilité [1].

§ 35. Indemnisation.

De l'autre côté les puissances neutres ont droit
à une indemnité des belligérants, quand ces der-
niers attaquent ou détruisent ou occasionnent

---

[1] C'est par cette maxime que Sa Majesté l'Empereur des Français
auquel appartient l'initiative de la guerre, a fait déclarer aux Russes
par son gouvernement loyal et juste, mais ferme et résolu, — qu'ils
peuvent continuer à résider en France, tandis que les Français sont
tourmentés pour leur séjour non-seulement en Russie, mais aussi
en Allemagne et en Italie, même en temps de paix.

des dommages à la vie ou aux biens appartenant aux sujets neutres et se trouvant sur le
territoire d'une puissance belligérante, — s'ils
n'ont pas officiellement annoncé et fait connaître
préalablement au public une telle attaque et en-
treprise hostile contre cette autre puissance belligérante, où la vie et les biens des neutres se
trouvent. — Cet avis préalable est quant à la
mer, le blocus des ports, quant à la terre, non-
seulement la déclaration de guerre, mais aussi
celle que les hostilités ont commencé. Les parties belligérantes alliées sont mutuellement responsables envers les neutres.

§ 36. Juridiction.

La juridiction appartient en général aux puissances belligérantes, et elles font juger d'après
leurs lois et coutumes; mais, en cas de doute, ad-
mettant toutefois comme simple juge une puissance neutre. En attendant le jugement, la puissance belligérante a « *usus fructus* » comme
« *fictus possessor* » des biens et vies déclarés échus
en leur pouvoir.

§ 37. Autre indemnisation.

Les belligérants peuvent réciproquement demander et exiger une indemnité de la puissance
neutre, ou de celles comprises dans le § 11, même
dans un délai d'une année après la guerre, s'ils

peuvent prouver que cette puissance leur a causé des désavantages pendant la guerre, d'après §§ 38, 39, par une trahison ou hostilité quelconque. Dans ce cas, il y aurait à estimer, par un jury composé en nombre égal de sujets neutres, la valeur du dommage causé. En tous cas, les puissances demanderesses ou défenderesses n'auraient pas le droit de faire partie de ce jury, pour éviter un jugement partial.

§ 38. La trahison.

On considère comme trahison de la part d'une puissance neutre, d'entretenir des relations secrètes avec une des parties belligérantes.

§ 39. Acte hostile.

On considère comme acte hostile de la part d'une puissance neutre, de protéger la position d'une partie belligérante envers une autre, ou de lui rendre un service quelconque, comme cela est entendu aux §§ 4, 19, 20 et 22.

§ 40. Actes et rapports gouvernementaux et internationaux.

Puisque les actes et les relations gouvernementaux entre les belligérants et une puissance neutre ne sont pas admissibles d'après les §§ 5, 6, 8, mais bien ceux purement internationaux, d'après § 21, il est nécessaire d'en connaître les limites.

§ 41. Relations et actes gouvernementaux.

Sont actes et relations gouvernementaux tous ceux qui proviennent des fonctionnaires publics, y compris les militaires.

§ 42. Relations et actes civils.

Sont actes et relations purement internationaux et civils tous ceux qui ont rapport aux personnes civiles ou qui en proviennent.

§ 43. Fin des obligations entre les puissances belligérantes et neutres.

Aussitôt que la guerre a cessé par un traité de paix, toutes les obligations des puissances belligérantes et neutres cessent également et perdent tacitement leur force.

§ 44. De l'armistice entre les belligérants.

L'armistice entre les belligérants ne change rien aux obligations des belligérants et des puissances neutres. Car la guerre n'étant pas terminée, les obligations prises pour cette guerre ne *peuvent cesser que par l'expiration de la guerre,* et comme l'armistice n'est qu'une suspension momentanée de la guerre, il en résulte la validité des obligations des neutres et des belligérants pendant l'armistice.

Paris. — Imp. de Ch. Meyrueis et Comp., rue Saint Benoît, 7. — 1851.

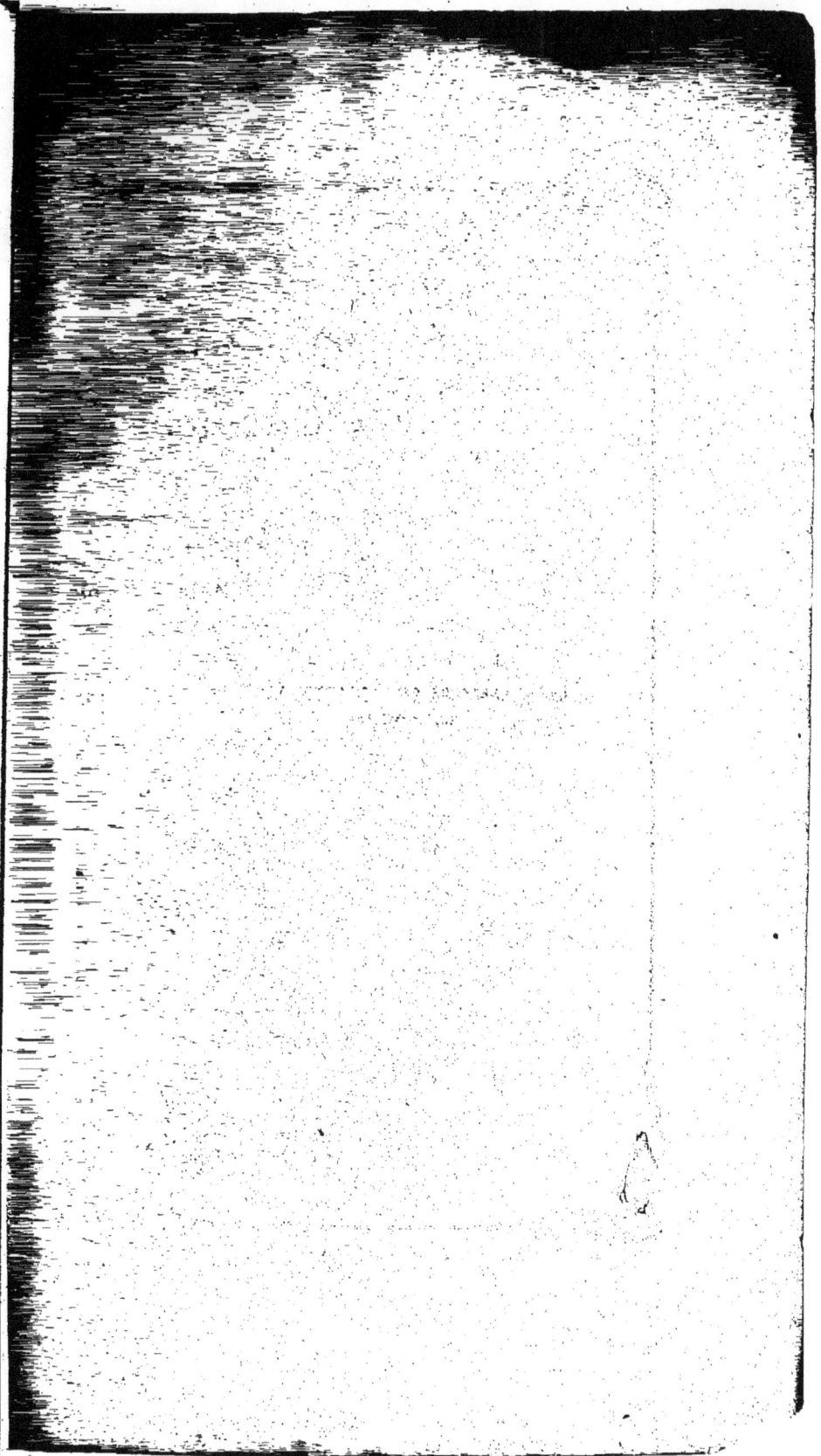

IMPRIMERIE DE CH. MEYRUEIS ET COMPAGNIE,

Rue Saint-Benoît, 7. — 1854.

www.ingramcontent.com/pod-product-compliance
Lightning Source LLC
Chambersburg PA
CBHW060520210326
41520CB00015B/4243